Garras Curvas
e um Canto Sedutor
peça para Raymond Carver

Garras Curvas
e um Canto Sedutor
peça para Raymond Carver

DANIELE AVILA SMALL

Coleção Dramaturgia

Cobogó

Sumário

Apresentação: Carta para Raymond Carver **7**

GARRAS CURVAS E UM CANTO SEDUTOR:
PEÇA PARA RAYMOND CARVER **11**

O enigma do real, por João Cícero Bezerra **55**

Uma peça nietzschiana, por José Karini **63**

Investigando o gesto da peça *Garras curvas e um canto sedutor*, por Dinah Cesare **69**

Sobre o Complexo Duplo **75**

Sobre o diretor **77**

Apresentação: Carta para Raymond Carver

Oi, Ray,

Esta é a primeira vez que te dirijo a palavra assim, publicamente, embora o diálogo já esteja dado e seja uma espécie curiosa de diálogo. Tudo começou em 1997, eu acho, quando comecei a ler as suas *short stories* — como as conheci num curso de literatura americana naquela época. Bom, eu queria te dizer que roubei uma ideia sua. Me apoderei deliberadamente do argumento do seu conto "Catedral", e de algumas coisas dos seus três personagens. Não vou devolver. Até porque eles não são mais os mesmos. Estão até muito diferentes. Estão mais jovens e têm outras vozes agora. "Catedral" passou de conto para peça e agora se chama *Garras curvas e um canto sedutor*. E também não é mais de Raymond Carver — não completamente. Mas não deixa de ser. Como fazer?

O que é um texto novo, Ray? Um texto inédito? Você acredita nesse termo: "novo"? Eu acho tudo meio mentira. Eu fiz esse texto, mas ele não é novo nem é todo meu. Eu me apropriei da sua história, mudei tudo, fiz dela minha e assinei. Não sobrou nem a catedral do título pra contar a história. De qualquer forma, eu não poderia colocar "de Raymond Carver e Daniele Avila Small", isso seria realmente estranho. Assino a dramaturgia, mais que a autoria, mas assino. E faço isso também como uma forma de provocação: pra você vir puxar meu pé de noite. Assinar uma obra — seja qual for — não é questão de vaidade, é assumir a responsabilidade por ela. Fazer do seu conto uma peça minha é o meu jeito de cuidar da sua história.

Eu vi umas fotos do *Altar para Raymond Carver*, que o Thomas Hirschhorn fez. Depois disso, me achei ainda mais no direito de fazer a minha "Peça para Raymond Carver". Ela é feita de um grande afeto. E seus contos desencadeiam grandes afetos, você não acha? Esta peça não é uma adaptação. É uma leitura. E a leitura — posso dizer com convicção — é minha. Eu li o seu conto assim, traduzindo sua catedral para a minha esfinge e nomeando esse mistério de acordo com os meus afetos. É uma espécie de homenagem também.

O legal dessa carta, Ray, é que ela só faz sentido pra mim e pra você. Mas, apesar disso, tem alguém lendo essas palavras agora. E talvez essa pessoa nunca tenha nem ouvido falar de você. Por um acaso, talvez, e de repente, um grande afeto seja desencadeado neste momento, como os que acontecem de surpresa nos seus contos. E isso vale muito a pena.

Comecei a escrever esta carta em 2006, quando fiz uma primeira versão do texto. E te envio ela agora em 2013, junto com a primeira montagem da nossa peça, esperando muito sinceramente que ela chegue até você.

Daniele
Rio de Janeiro, 12 de junho de 2013.

Garras Curvas
e um Canto Sedutor
peça para Raymond Carver

de DANIELE AVILA SMALL

Garras curvas e um canto sedutor estreou em junho de 2013, no Rio de Janeiro, na Sala Rogério Cardoso da Casa de Cultura Laura Alvim. A montagem foi patrocinada pela Prefeitura do Rio de Janeiro por meio do FATE — Fundo de Apoio ao Teatro. O espetáculo é parte do repertório do Complexo Duplo.

Texto
Daniele Avila Small

Direção
Felipe Vidal

Elenco (primeira temporada)
MARINA: Ângela Câmara
JOÃO: Leandro Daniel Colombo
ROBERT: Rafael Sieg

Elenco (segunda temporada)
MARINA: Dâmaris Grün
JOÃO: Lucas Gouvêa
ROBERT: Rafael Sieg

Preparação corporal
Felipe Khoury

Cenografia
Aurora dos Campos

Iluminação
Tomás Ribas

Figurinos
Flávio Souza

Programação visual
Fernando Nicolau

Assistência de direção
Sabrina Fortes

Assistência de cenografia
Ana Machado e Carolina Sugahara

Cenotécnicos
Djavan e Maranhão

Operação de luz
Raphael Cassou

Operação de som
Talita Oliveira

Contrarregra
Ester

Administração financeira
Fomenta Produções

Produção executiva
Dâmaris Grün

Direção de produção
Daniele Avila Small e Talita Oliveira

Realização
Complexo Duplo

PERSONAGENS

JOÃO

MARINA

ROBERT

A peça se passa na sala do apartamento de Marina e seu marido, João.

João está largado no sofá, muito à vontade. Está anoitecendo e praticamente escuro. No entanto, parece que ele acabou de acordar. Ele usa um par de meias com pés diferentes, mas isso não chama muito a atenção. Marina entra com compras e acende a luz. Ele se surpreende.

JOÃO: [*vendo as compras*] Vai ter festa?

MARINA: O Robert tá vindo pra cá.

Ela se senta, cansada, larga as compras numa poltrona, tira os sapatos.

JOÃO: Que Robert?

MARINA: Como assim "que Robert"? O meu amigo, que me manda as fitas.

JOÃO: Ao vivo?

Ela acha graça.

JOÃO: Isso é sério? Ele existe mesmo, então.

MARINA: Como assim?

JOÃO: Podia ser um amigo imaginário. Você não tinha? Quando era criança?

MARINA: Você acha que o Robert é um amigo imaginário?

JOÃO: Tô brincando, Marina.

MARINA: Eu sei que você tá brincando. Mas é que as suas brincadeiras são sempre meio idiotas. E essa foi espirituosa.

JOÃO: Eu, hein.

MARINA: Você tinha muitos?

JOÃO: Muitos o quê?

MARINA: Amigos imaginários.

JOÃO: De onde você tirou isso?

MARINA: De onde *você* tirou isso?

JOÃO: Ele vem fazer o quê, aqui?

MARINA: O meu amigo imaginário? A mulher dele morreu na semana passada. Eu te contei.

JOÃO: É verdade, ele era casado. Que estranho...

MARINA: Estranho por quê?

JOÃO: Você não acha estranho ele ser casado?

MARINA: Claro que não.

JOÃO: Você já imaginou se eu fosse cego? A gente não teria nem se conhecido... Como foi que esse cara arranjou uma mulher?

MARINA: Por que você acha isso?

JOÃO: O quê?

MARINA: Que a gente não teria nem se conhecido?

JOÃO: Eu não ia ter... Sei lá, Marina. Eu não ia ter oportunidade de te ver e... Sei lá. Mas então? Como foi que essa mulher casou com ele?

MARINA: Não entendi.

JOÃO: Ela era cega também?

MARINA: Não, ela não era cega... Eles se conheceram, se apaixonaram, se casaram, como todo mundo.

JOÃO: Mas como foi que eles se conheceram?

MARINA: Ela começou a ler pra ele depois que eu me mudei pra cá.

JOÃO: Ah, tá explicado! Ele tem um método. Tá vendo? Podia ter sido você. [*ela não responde. Olha para ele, sem achar a menor graça*] Você sentia pena dele, foi lá fazer caridade, aí ele passou a mão em você... Não foi?

MARINA: Ele passou a mão no meu rosto pra saber como eu era.

JOÃO: E você escreveu um poema sobre isso!

MARINA: Deixa de ser ridículo. Você tá com ciúme.

JOÃO: Ciúme? O cara é cego! Como é que eu vou ter ciúme de um cego?

MARINA: Esquece. Eu vou arrumar o quarto pra ele.

JOÃO: Quarto? Pra que quarto?

MARINA: Ele vai dormir aqui de hoje pra amanhã.

JOÃO: Por que ele não fica num hotel? Ele não tem uma enfermeira?

MARINA: Ele não é doente.

JOÃO: Sei lá, uma acompanhante.

MARINA: Esquece...

JOÃO: Não é normal uma pessoa ser cega! Como você quer que eu finja que isso é a coisa mais normal do mundo? Eu não entendo. Ela morreu de quê?

MARINA: Você tá interessado agora?

JOÃO: Se ele tá vindo pra cá, eu tenho que me informar pra não dar nenhum furo, né?

MARINA: Eu te contei quando ela ficou doente. Aliás, por falar em furo, não fala nada do poema, por favor.

JOÃO: Ué! Por quê?

MARINA: Porque eu tenho vergonha. Se eu tenho vergonha de ter comentado com você, imagina se eu vou falar pra ele.

JOÃO: Que bobeira.

MARINA: Ela tinha um problema no coração.

JOÃO: [*no seu humor torto*] Com certeza, ela tinha um problema no coração. Foi casada com um cara que nunca olhou pra cara dela. Imagina a carência. Casada com um homem que não vê, que não enxerga ela. [*depois de uma pequena pausa*] Acho que esse negócio... Esse Robert vindo pra cá... Não foi uma ideia muito boa. A gente não se conhece. Ele não sabe nada da minha vida.

MARINA: Ele sabe um monte de coisa da sua vida. Eu sempre falo de você. Às vezes ele fala também. Na última fita que ele mandou, ele fala de você. Você quer ouvir?

JOÃO: Não, obrigado. Acho legal vocês fazerem isso, é até mais prático do que escrever. Em braile seria complicado pra você. Mas eu não quero ouvir, não. Você fala de mim?

Ela não responde.

JOÃO: A que horas ele vai chegar?

MARINA: Daqui a pouco.

JOÃO: O que eu tenho que fazer quando ele chegar? Eu vou dizer o que pra ele? Eu não tenho nenhum amigo cego.

MARINA: Você não tem nenhum amigo. Ponto. Olha, você pode fazer isso por mim? Porque se você tivesse pelo menos um amigo na vida, eu o receberia bem, faria ele se sentir à vontade na nossa casa. Então, você vai colaborar?

JOÃO: Vou, claro que vou. E como é que ele vai chegar até aqui?

MARINA: Ele disse que preferia vir de táxi.

JOÃO: Melhor. Mas você sabe que não pode entrar cachorro no prédio. Como é que vai ser?

MARINA: De que cachorro você tá falando?

JOÃO: Ele não tem cachorro?

Ela ri. Toca a campainha. Entra Robert. Para surpresa de João, ele chega sem cachorro, sem bengala, e sem óculos escuros. João quase não acredita que Robert seja cego; fica imóvel, prende a respiração, como se não quisesse que a sua presença fosse percebida. Robert, ao contrário do que ele presumia, não é um velho. É um homem bonito, tem mais ou menos a mesma idade que ele e está bem-vestido.

MARINA: Finalmente você veio conhecer a minha casa.

ROBERT: Só assim, né?

Eles riem, se abraçam, ela pega a mala dele etc. João continua fingindo que não está ali.

MARINA: Esse aqui é o meu marido, João.

ROBERT: [*estende a mão*] Prazer!

João, incerto, dá um passo silencioso na direção de Robert e aperta a sua mão. Ao mesmo tempo, movimenta a outra mão na frente do rosto de Robert, como se quisesse testar se ele é cego mesmo.

ROBERT: Você não me disse que ele era mudo.

MARINA: Não, ele só é tímido.

ROBERT: Ainda bem, senão ia ser um desastre.

Robert e Marina riem. João continua sem ter a menor ideia do que fazer.

MARINA: Eu vou levar a mala pro seu quarto. Você quer que eu te mostre onde é de uma vez?

ROBERT: Na verdade, eu queria usar o banheiro.

Ele se vira na direção de João. Marina sai, levando Robert pela mão.

MARINA: Vamos, eu te mostro onde é. O seu quarto fica ao lado do banheiro, à direita.

João está novamente sozinho na sala da sua casa, mas agora parece completamente perdido. Ele pega os sapatos de Marina que estavam no chão, pega o saco de compras, olha para os móveis como se não soubesse o que fazer com eles. Marina volta.

MARINA: Você vai fugir com a comida?

JOÃO: Você tem certeza que ele é cego?

Marina faz sinal para que ele fale mais baixo. Ele começa a fazer mímica, perguntando cadê a bengala, os óculos.

MARINA: Você gostou da ideia de ser mudo?

JOÃO: [*falando alto de novo*] Como é que ele faz pra escolher a roupa?

Marina faz o mesmo sinal pra que ele fale mais baixo. Ele não consegue entender a contradição.

MARINA: Olha, fica calmo. O que você quer fazer com o meu sapato?

JOÃO: Você vai deixando as coisas pelo chão... Vai que o cara tropeça...

MARINA: Que solidário!

JOÃO: Eu posso ir dormir?

Ela ri. Robert volta.

MARINA: Você tá com fome? Eu trouxe umas coisinhas da padaria.

Eles se acomodam.

ROBERT: Perfeito. Vamos botar a conversa em dia.

João começa a tirar as coisas da sacola e a arrumar numa mesinha.

JOÃO: Bom, tem pão nesse saco aqui. [*amassa o saco pra fazer barulho*] Na diagonal à direita, a menos de um palmo do prato que está na sua frente, tem manteiga...

Ele descreve minuciosa e confusamente a arrumação que ele faz, como se estivesse explicando uma estratégia de guerrilha para uma criança de oito anos.

Robert agradece, Marina está surpresa e parece se divertir com a situação. Eles começam a comer, sem pressa. João não para de olhar para Robert. Ele está impressionado com a sua naturalidade.

MARINA: Então... Você tem lido alguma coisa?

João gesticula para Marina, como se ela estivesse cometendo a maior gafe.

ROBERT: Olha, a minha sogra leu pra mim uma receita de bolo de cenoura pelo telefone...

MARINA: A gente pode ler alguma coisa mais tarde.

ROBERT: Eu não quero atrapalhar a rotina de vocês. O que vocês costumam fazer à noite?

JOÃO: Eu vejo televisão. [*agora ele repreende a si mesmo*]

ROBERT: A gente pode ver televisão, não tem problema.

JOÃO: Como assim?

MARINA: A gente pode aproveitar que tem mais um e ler uma peça!

Ela ri da cara de assustado do marido.

JOÃO: Eu leio muito mal.

ROBERT: [*bem-humorado*] Eu também.

Marina ri. João está constrangido. Robert come sem se preocupar.

Silêncio.

JOÃO: [*numa tentativa de quebrar o gelo*] Eu lamento pela sua mulher.

ROBERT: Tudo bem. Sabe que eu tô até contente. [*breve pausa*] Ela não me deixava escutar música alto.

JOÃO: [*até que enfim ele entendeu uma piada*] Boa! [*para Marina*] Coração? Nada! Ele envenenou a mulher! Viu? Você que se cuide!

João tem um ataque de riso. Marina não está achando tanta graça.

MARINA: Por favor, me desculpe.

ROBERT: Não tem por que se desculpar. Viver é falar de corda em casa de enforcado. Foi você quem falou isso pra mim uma vez, não foi? E eu acho que ele tava só brincando.

MARINA: Tudo bem, então. A gente pode ouvir música alto, mas você vai atender o síndico no interfone.

JOÃO: Claro! Dessa vez a gente tem uma desculpa. É só dizer: "Companheiro, a gente tá com uma visita especial. O cara é cego, pelo menos alguma diversão..."

Marina interrompe, jogando-lhe um pedaço de pão.

JOÃO: Ai! O que foi isso?

MARINA: Caiu, o meu pão.

ROBERT: Sabe que tem um tempão que eu não danço?

JOÃO: Você sabe dançar?

ROBERT: Como assim?

Marina se levanta para pegar o pão e vai na direção do aparelho de som.

MARINA: Vamos dançar, então.

JOÃO: Você sabe que eu não danço.

Ela coloca uma música boa para dançar, tipo "Nothing But a Woman", de Robert Cray. Robert se levanta e dança do seu próprio jeito. João observa atentamente o que para ele é uma espécie de show de horrores: duas pessoas sendo espontâneas. E o pior: uma delas é a sua mulher. Percebe-se que, no fundo, ele gostaria de dançar também. Num primeiro momento, mesmo sabendo que não tem ninguém olhando, João fica constrangido. Aos poucos, ele percebe que, na verdade, ela está dançando lindamente. Depois, cai a ficha: o tal do cego é um cara bonito. Perto do fim da música, ele se dá conta de que sua mulher está dançando com outro homem na sua frente. Incrédulo, ele reprime uma pontinha de ciúme. A música vai acabando. Eles param de dançar.

ROBERT: Eu tô enferrujado.

Robert volta a se sentar na poltrona, sem dificuldades. João acompanha a movimentação, apreensivo, como se Robert pudesse cair da janela a qualquer momento. Marina abaixa o volume, mas deixa a música tocando ao fundo.

JOÃO: Você quer que eu te sirva alguma coisa? Hoje a gente tem até suco!

ROBERT: Perfeito.

João serve um copo de suco, coloca-o na frente de Robert e bate com a unha no copo, como quem diz "Está aqui". Robert pega o copo. João observa. Ele ainda fica impressionado que Robert consiga fazer tudo normalmente e olha para Marina a fim de se certificar de que ela está testemunhando o fenômeno.

JOÃO: [*tendo uma ideia brilhante*] Você já fumou ópio?

Silêncio.

JOÃO: Sério! Acho que pode ser muito legal pra você, porque... Tem um cara, me fugiu o nome, que escrevia uns contos de terror, e ele descrevia nesses contos dele as sensações do ópio... Edgar Allan Poe! Então... Uma vez, no colégio, a minha turma teve que fazer um trabalho de grupo pra apresentar. Tinha vários temas, e eu lembro que o grupo dos esquisitos ficou com o trabalho sobre drogas.

ROBERT: O que seria o grupo dos esquisitos?

JOÃO: Aí chegou o dia da apresentação dos trabalhos. Fizeram questão de ser os últimos. Primeiro, escreveram no quadro um poema em francês — acho que era do Baudelaire —, desenharam o que devia ser um narguilé, e começaram a apresentação lendo um trecho de um livro desse cara, o Edgar Allan Poe. Tava tudo bem psicodélico. Você acredita que, em vez de falar sobre alcoolismo, dependência química, nicotina, tráfico de drogas, eles cataram umas drogas que ninguém nunca tinha ouvido falar, como o láudano — quem sabe o que é láudano?! —, e ficaram falando dos efeitos daquelas drogas e como esse tipo de experiência proporcionou a diversos artistas uma visão de mundo diferenciada, dando uma contribuição definitiva pra literatura mundial? Como se não bastasse a apologia descarada, eles ainda explicaram como se usa um narguilé, e falaram até da cola de sapateiro, que até então nenhum de nós sabia que dava onda e, diga-se de passagem, todo mundo poderia ter em casa. E eles fizeram um *grand finale*, lendo e explicando as referências do tal do poema do Baudelaire.

Silêncio.

MARINA: Acho que eu perdi o fio da meada em algum lugar...

JOÃO: Por quê?

ROBERT: Você tava dizendo que eu deveria fazer alguma coisa com ópio...

JOÃO: Ah, sim! É porque eles disseram que quando você fuma ópio, você sente o cheiro das cores, ou ouve o som das cores, sei lá. Os sentidos se misturam. Aí eu pensei que poderia ser legal pra você, por causa das cores.

ROBERT: [*para Marina*] Você não me disse que ele era louco.

JOÃO: Loucos eram aqueles garotos na escola. Ficou todo mundo meio atordoado. Eu tenho curiosidade de ficar doido de ópio até hoje.

MARINA: Pronto! Taí uma coisa que vocês podem fazer juntos.

ROBERT: Será que vocês têm aí alguma coisa desse autor? Não pra ler agora, porque o papo tá bom, mas eu fiquei curioso pra conhecer.

MARINA: Eu tenho "O corvo", mas é um poema. Meio grande, mas é um poema.

ROBERT: Eu conheço pouquíssimos poemas.

JOÃO: [*virando-se para Marina, com um brilho sádico no olhar*] Minha mulher poderia ler *um certo poema* pra você!

Ela fica branca de vergonha, gesticula pedindo que ele, por favor, não fizesse isso. Ele se diverte.

ROBERT: Por que você não tenta? A sua mulher já leu muito pra mim. Eu tô cansado da voz dela.

JOÃO: Na verdade, eu acho que ler poeminhas de terror antes de dormir pode não ser uma boa ideia.

MARINA: Ele tem medo de fantasma.

ROBERT: Que engraçado. Minha mulher também tinha. Ela dizia que eu tinha a maior sorte do mundo, porque não corria o risco de levantar de madrugada pra fazer xixi e ver um fantasma no corredor.

João ri, à vontade.

ROBERT: Imagina agora, que ela mesma é um fantasma...

JOÃO: Esse negócio de fantasma é muito simples: eles só existem entre a meia-noite e as seis da manhã.

ROBERT: Então a gente ainda tem um tempinho antes das 12 badaladas. Se é só um poema, não vai ser um incômodo. E depois a gente fala de amenidades pra passar o medo.

JOÃO: Medo? Vocês estão exagerando. Eu não vou ficar com medo.

MARINA: Então aproveita e vai lá dentro pegar "O corvo". Tá na estante do escritório, na prateleira de baixo. É um...

JOÃO: [*interrompendo e saindo*] Tá, tá, eu acho.

ROBERT: Viu? Tudo tranquilo: ele ainda não tentou furar os meus olhos pra ver o que tem dentro.

João volta.

JOÃO: Não achei, não.

MARINA: Amanhã eu procuro com calma, e leio à luz do dia.

JOÃO: E assim a gente dorme com os anjos.

Uma pausa natural depois que morre o assunto.

MARINA: Minha avó tinha mania disso. Anjo. As avós não têm a menor ideia do que se passa na cabeça das crianças. A avó fala: "Durma com os anjos." E a criança fica apavorada no quarto vendo aquele batalhão de clones de cruzamento de bebê com passarinho espalhados pelo quarto enquanto ela tenta dormir. Minha avó um dia, quero dizer, uma noite, resolveu conceder individualidade aos anjinhos. Eles não tinham sexo, mas tinham cor, o que deixava o cenário um tanto macabro. Ela dizia que os tais anjinhos iam tomar conta do meu sono: o anjinho azul, o anjinho amarelo, o anjinho cor-de-rosa... Só que eu não imaginava uma roupinha coloridinha, eu imaginava o negócio todo pintado: a pele laranja, o cabelo encaracolado laranja, as asas, tudo. Era horrível. E como se não bastasse, ela se distraiu e foi falando as cores aleatoriamente, até que inventou um anjinho vermelho, o que na minha cabeça era a própria imagem do demônio. Ela só se deu conta de que não estava fazendo um bom trabalho quando ouviu o som da própria voz enumerando, por fim, "um anjinho todo preto". Um anjinho todo preto poderia muito bem ser um bebê negro, fofinho, com as suas asinhas, mas não. O meu anjinho todo preto era tosco, como se eu mesma tivesse desenhado e pintado de nanquim. Depois disso, ela me deu boa-noite e foi embora. Eu fiquei com a imagem daquela criatura na cabeceira da minha cama, imóvel... Aliás, bem parecido com o corvo do poema do Poe... E eu dormi pensando nisso. Agora todas as vezes que os meus pensamentos me incomodam, é só pensar no anjo negro da minha avó que todas as outras coisas ficam pequenas e mesquinhas.

Silêncio.

ROBERT: Foi minha avó quem começou essa coisa de ler pra mim.

JOÃO: Foi mal, pessoal. Eu não tive avó.

ROBERT: Mas a verdade é que agora eu fiquei ainda mais curioso pra ouvir o poema.

JOÃO: Não, não, eu não acho nada legal. Principalmente agora que eu fiquei sabendo que toda noite ela dorme pensando que tem um troço desses na nossa mesa de cabeceira.

MARINA: Calma, não é toda noite, é só quando os meus pensamentos ficam me atazanando.

JOÃO: Olha... Não é normal uma criança achar que anjo é uma coisa de terror. E vocês ainda querem ler uma história de um passarinho de terror. Não é suficiente eu estar com medo da minha própria mulher?

MARINA: Não é história, é um poema.

ROBERT: E um corvo não é exatamente um passarinho.

JOÃO: Como é que você sabe?

MARINA: E também não é propriamente de terror. É triste. Acho que nem é conveniente. Talvez a sua tentativa de boicote tenha sido útil.

JOÃO: O quê? Boicote?

MARINA: Nem tinha dado tempo de chegar até o escritório e voltar, e você voltou dizendo que não achou o livro!

JOÃO: Eu não achei mesmo, tá? O livro é pequeno, preto, e tava escuro porque a lâmpada do escritório queimou do nada, e a estante tá uma bagunça!

MARINA: Como você sabe que o livro é pequeno e preto?

JOÃO: Você disse.

MARINA: Eu disse que era pequeno, não disse que era preto.

JOÃO: Mas eu já vi esse livro antes, você acha que eu nunca olhei pra sua estante? Então pronto: vamos ler poemas!

ROBERT: [*depois de uma pausa*] Eu adoraria.

MARINA: Eu vou lá dentro pegar alguns livros, e ver se acho "O corvo".

Ela pisca para o marido, como se fizesse um trato: eu não acho "O corvo", você não menciona o meu poema.

Depois que ela sai, ele tira de debaixo da blusa um livro preto, pequeno, que estava preso na calça. Ele procura um lugar para escondê-lo, sem se preocupar com a visita. Ele esconde o livro fazendo barulho. Só então se dá conta de que Robert pode ouvir e disfarça.

JOÃO: Você toma café? Eu tô louco por um café.

ROBERT: Eu adoro café.

JOÃO: Ótimo! Ótimo mesmo! Não vai ser nada mal ter companhia pro café.

ROBERT: Com certeza. Tomar café sozinho é meio solitário.

JOÃO: Eu tenho tomado café sozinho esses anos todos.

ROBERT: Você não tem nenhum amigo que goste de café?

JOÃO: Não... Na verdade, não... Eu já volto, então.

Ele calça uma sandália de dedo — apesar das meias — e sai.

Ela volta com alguns livros e percebe a ausência do marido.

MARINA: Cadê ele?

ROBERT: Foi fazer um café.

MARINA: Ele descobriu que você também é viciado?

Enquanto Robert fala, Marina procura um esconderijo para um papel todo amassado e rabiscado. Ela acha o mesmo esconderijo que o marido usou para esconder o livro.

ROBERT: Pois é. E não vai ser nada mal ter companhia pro café. Ela gostava do cheiro, mas não gostava do gosto. Mas ela só gostava do cheiro antes, não gostava do cheiro depois. Não gostava do cheiro do café frio nem do cheiro do café na boca.

João volta e quase pega Marina escondendo o papel com o poema.

JOÃO: Acabou o café. O pó. Eu vou comprar.

MARINA: Mas vocês vão tomar café agora? Depois não vão conseguir dormir.

João nem parou para ouvir e já saiu.

ROBERT: E por que é que a gente tem que ir dormir? Mas não precisa sair pra comprar, se for dar trabalho.

MARINA: Ele já foi.

ROBERT: Ah, tá. Eu acho que ele escondeu o livro.

MARINA: Onde?

ROBERT: No mesmo lugar que você estava mexendo antes de ele voltar. Você não quer aproveitar e ler pra mim enquanto ele não volta? Prometo que eu não conto.

MARINA: Talvez não seja uma boa ideia. A gente já falou de corda o suficiente nesta casa.

ROBERT: Ah, entendi. Mas eu não me importo. Talvez me faça até bem. Por favor.

MARINA: É longo... para um poema. E bastante rebuscado. Vai ser difícil.

ROBERT: Difícil? Por quê? Você acha que eu sou burro, que eu não vou entender?

MARINA: Claro que não!

ROBERT: Então não vem com essa de "difícil" pra cima de mim!

MARINA: Tá, você tem razão. Bom... É sobre um homem que perdeu a mulher que amava.

ROBERT: Viu? Vou entender melhor que você...

MARINA: O nome dela era Lenora. Então, numa noite, ele recebe a visita de um corvo e conversa com ele. Vou ler.

Ela pega o livro, senta-se de frente para ele e lê:

MARINA:
"Foi uma vez: eu refletia, à meia-noite erma e sombria,
a ler doutrinas de outro tempo em curiosíssimos manuais,
e, exausto, quase adormecido, ouvi de súbito um ruído,
tal qual se houvesse alguém batido à minha porta, devagar.

"É alguém — fiquei a murmurar — que bate à porta, devagar;
sim, é só isso e nada mais."

Ah! Claramente eu o relembro! Era no gélido dezembro
e o fogo agônico animava o chão de sombras fantasmais.
Ansiando ver a noite finda, em vão, a ler, buscava ainda
algum remédio à amarga, infinda, atroz saudade de Lenora
— essa, mais bela do que a aurora, a quem nos céus chama Lenora
e nome aqui já não tem mais.

A seda rubra da cortina arfava em lúgubre surdina,
arrepiando-me e evocando ignotos medos sepulcrais.
De susto, em pávida arritmia, o coração veloz batia
e a sossegá-lo eu repetia: "É um visitante e pede abrigo.
Chegando tarde, algum amigo está a bater e pede abrigo.
 É apenas isso e nada mais."

Ergui-me após e, calmo enfim, sem hesitar, falei assim:
"Perdoai, senhora, ou meu senhor, se há muito aí fora me esperais;
mas é que estava adormecido e foi tão débil o batido,
que eu mal podia ter ouvido alguém chamar à minha porta,
assim de leve, em hora morta." Escancarei então a porta:
 — escuridão, e nada mais.

Sondei a noite erma e tranquila, olhei-a fundo, a perquiri-la,
sonhando sonhos que ninguém, ninguém ousou sonhar iguais.
Estarrecido de ânsia e medo, ante o negror imoto e quedo,
Só um nome ouvi (quase em segredo eu o dizia) e foi: "Lenora!"
E o eco, em voz evocadora, o repetiu também: "Lenora!"
 Depois, silêncio e nada mais.

Com a alma em febre, eu novamente entrei no quarto e, de repente,
Mais forte, o ruído recomeça e repercute nos vitrais.
"É na janela" — penso então — "Por que agitar-me de aflição?
Conserva a calma, coração! É na janela onde, agourento,
O vento sopra. É só do vento esse rumor surdo e agourento.
 É o vento só, e nada mais."

Abro a janela e eis que, em tumulto, a esvoaçar, penetra um vulto:
— é um Corvo, hierático e soberbo, egresso de eras ancestrais.
Como um fidalgo passa, augusto e, sem notar sequer meu susto,

adeja e pousa sobre o busto — uma escultura de Minerva,
bem sobre a porta; e se conserva ali, no busto de Minerva,
   empoleirado e nada mais.

Ao ver da ave austera e escura soleníssima figura,
desperta em mim um leve riso, a distrair-me de meus ais.
"Sem crista embora. Ó Corvo antigo e singular" — então lhe digo —
"não tens pavor. Fala comigo, alma da noite, espectro torvo,
qual é teu nome, ó nobre Corvo, o nome teu no inferno torvo!"
   E o Corvo disse: "Nunca mais."

Maravilhou-me que falasse uma ave rude dessa classe,
misteriosa esfinge negra, a retorquir-me em termos tais;
pois nunca soube de vivente algum, outrora ou no presente,
que surpresa igual experimente: a de encontrar em sua porta,
uma ave (ou fera, pouco importa), empoleirada em sua porta
   e que se chame: "Nunca mais."

Diversa coisa não dizia, ali pousada, a ave sombria,
com a alma inteira a se espelhar naquelas sílabas fatais.
Murmuro, então, vendo-a serena e sem mover uma só pena,
enquanto a mágoa me envenena: "Amigos... sempre vão-se embora.
como a esperança, ao vir a aurora, ELE também há de ir-se embora.
   E o Corvo disse: "Nunca mais."

Vara o silêncio, com tal nexo, essa resposta que, perplexo,
julgo: "É só isso que ele diz; duas palavras sempre iguais.
Soube-as de um dono a quem tortura uma implacável desventura
e a quem, repleto de amargura, apenas resta um ritornelo
de seu cantar; do morto anelo, um epitáfio: — o ritornelo
   de "Nunca, nunca, nunca mais."

Como ainda o corvo me mudasse em um sorriso a triste face,
Girei então numa poltrona, em frente ao busto, à ave, aos umbrais
e, mergulhando no coxim, pus-me a inquirir (pois, para mim,
visava a algum secreto fim) que pretendia o antigo Corvo,
com que intenções, horrendo, torvo, esse ominoso e antigo Corvo
   grasnava sempre: "Nunca mais."

Sentindo da ave, incandescente, o olhar queimar-me fixamente,
eu me abismava, absorto e mudo, em deduções conjecturais.
Cismava, a fronte reclinada, a descansar, sobre a almofada

dessa poltrona aveludada em que a luz cai suavemente,
dessa poltrona em que ELA, ausente, à luz que cai suavemente,
  já não repousa, ah! nunca mais...

O ar pareceu-me então mais denso e perfumado, qual se incenso
ali descessem a esparzir turibulários celestiais.
"Mísero!, exclamo. Enfim teu Deus te dá, mandando os anjos seus,
esquecimento, lá dos céus, para as saudades de Lenora.
Sorve o nepentes. Sorve-o, agora! Esquece, olvida essa Lenora!"
  E o Corvo disse: "Nunca mais."

"Profeta! — brado. — Ó ser do mal! Profeta sempre, ave infernal!
que o Tentador lançou do abismo, ou que arrojam temporais,
de algum naufrágio, a esta maldita e estéril terra, a esta precita
mansão de horror, que o horror habita, imploro, dize-mo, em verdade:
EXISTE um bálsamo em Galaad? Imploro! dize-mo, em verdade!
  E o Corvo disse: "Nunca mais."

"Profeta!, exclamo, Ó ser do mal! Profeta sempre, ave infernal!
Pelo alto céu, por esse Deus que adoram todos os mortais,
fala se esta alma sob o guante atroz da dor, no Éden distante,
verá a deusa fulgurante a quem nos céus chamam Lenora,
essa, a mais bela do que a aurora, a quem nos céus chamam Lenora!"
  E o Corvo disse: "Nunca mais."

"Seja isso a nossa despedida! — ergo-me e grito, alma incendiada. —
Volta de novo à tempestade, aos negros antros infernais!
Nem leve pluma de ti reste aqui, que tal mentira ateste!
Deixe-me só neste ermo agreste! Alça teu voo desta porta!"
Retira a garra que me corta o peito e vai-te dessa porta!
  E o Corvo disse: "Nunca mais."

E lá ficou! Hirto, sombrio, ainda hoje o vejo, horas a fio,
sobre o alvo busto de Minerva, inerte, sempre em meus umbrais.
No seu olhar medonho e enorme o anjo do mal, em sonhos, dorme,
e a luz da lâmpada, disforme, atira ao chão a sua sombra.
Nela, que ondula sobre a alfombra, que está minha alma; e, presa
  à sombra,
  Não há de erguer-se, ai! nunca mais!"[1]

---

[1] POE, Edgar Allan. *"O corvo" e suas traduções* / Organização: Ivo Barroso.
Rio de Janeiro: Lacerda Ed., 1998 (a tradução citada é de Milton Amado).

Silêncio.

MARINA: Você quer comer mais alguma coisa?

ROBERT: Agora, não, obrigado. Quero tomar aquele café.

MARINA: Se você quiser mais alguma coisa...

ROBERT: Ele diz que o corvo é uma esfinge... Uma esfinge das trevas? É isso?

MARINA: "Misteriosa esfinge negra."

ROBERT: E então? Era esse o jogo de esconde-esconde ou você tava escondendo alguma outra coisa de mim?

MARINA: Um poema que eu tentei escrever, mas que eu não vou ler de jeito nenhum. Depois de ter lido esse, então, sem chance! É horrível e não tá terminado. Mas eu tava escondendo porque é sobre você.

ROBERT: Sobre mim?

MARINA: Na verdade, não. É sobre mim. Uma coisa que aconteceu comigo, que eu senti, quando você colocou a mão no meu rosto. Alguma coisa aconteceu comigo naquela hora. Eu escrevi pra tentar entender. Mas ficou horrível. Talvez um dia eu pinte um quadro.

Ela rasga o papel e vai esconder de novo o livro, mas Robert a interrompe.

ROBERT: O que você fez?

MARINA: Rasguei.

ROBERT: Você rasgou?! Você não pode ter feito isso! É importante pra mim também! Eu quero ler! Me dá os pedaços, eu vou juntar tudo e pedir pra alguém ler pra mim!

MARINA: Não é tão grande coisa assim.

ROBERT: Como você pode dizer isso? Foi você quem escreveu, não foi? Então...

MARINA: Mas eu não consigo ler. Outro dia você pede pra alguém. Eu vou copiar pra você.

ROBERT: Eu prefiro a versão rasgada...

Ela entrega os pedaços pra ele. Depois de um silêncio breve.

MARINA: Posso te dar um abraço?

João volta. Eles não se abraçam.

JOÃO: Consegui um café! Eu fiz amizade com aquela vizinha de cima. Ela me deu um pouco de café.

MARINA: Você fez amizade com alguém?

JOÃO: Ela puxou papo comigo no elevador, perguntou qual de nós dois tinha mania de ouvir Lou Reed de madrugada. Eu falei que era você. Aí ela me perguntou aonde eu tava indo de pijama. Eu respondi: eu não tô de pijama. E contei que ia comprar café pro meu amigo que é cego.

MARINA: Gente... Agora você tem vários amigos!

JOÃO: Aí ela disse que eu não precisava sair à rua "desse jeito" e me ofereceu uma xícara de pó de café. Como uma boa vizinha. A gente foi no apartamento dela pra pegar o café. Ela tem um monte de eletrodomésticos numa bancada. E tudo ligado na mesma tomada, com uma colmeia de benjamins. Eu perguntei se ela não queria emprestado um filtro de linha, aí ela me mostrou uma caixinha e disse: "Você acha que eu não ia ter?" Eu fiquei meio confuso, mas depois entendi: ela achou que filtro de linha fosse filtro de café, entendeu? [*para Robert*] Ela ficou interessada em te conhecer.

MARINA: Você não convidou ela pra vir aqui, né?

ROBERT: Ela é bonita?

JOÃO: Não reparei.

ROBERT: Ela faz o quê?

JOÃO: Ela toma café! O que mais você quer? Ih! O nosso já deve estar pronto.

Ele vai para a cozinha de novo. Depois de um segundo, Marina vai até Robert e eles se abraçam longamente.

João volta com duas xícaras.

JOÃO: Pronto.

Eles começam a tomar o café. Toca a campainha.

JOÃO: [*eles começam a falar baixo*] Não fui eu.

MARINA: Deve ser a vizinha.

JOÃO: Não abre a porta, por favor. Vamos fingir que a gente não está.

ROBERT: Não pode ser algo importante?

JOÃO: Deve ser ela, querendo tomar café. Deve ter sentido o cheiro e ficou com vontade.

ROBERT: Mas e se for ela? Não é meio grosseiro não abrir a porta? Porque ela sabe que vocês dois tão aqui. Ela sabe até que eu tô aqui.

JOÃO: Depois a gente inventa uma desculpa pra se algum de nós encontrar com ela no elevador outra vez.

MARINA: A gente finge que tá fazendo um *ménage à trois*.

João olha para Marina horrorizado.

ROBERT: Você diz fingir mesmo? Com barulhos?

JOÃO: Que horror!

MARINA: Fica quieto que ela vai desistir. A gente pode apagar a luz.

JOÃO: Não! Apagar a luz, não!

Eles ficam quietos e tomam café, escondidos. A campainha não toca mais. A tensão permanece um pouco no ar, até que João quebra o gelo.

JOÃO: [*ainda falando meio baixo*] Duas visitas inesperadas numa noite só...

ROBERT: Você é tímido?

JOÃO: [*voltando ao volume normal*] Tímido? Não. Na verdade, eu não me interesso muito pelas pessoas em geral. Aí acham que eu sou tímido. É até melhor assim, você não acha? Mas quando alguém pergunta, eu tenho vontade de dizer: "Não, minha filha, é que você é tão sem graça que eu preferiria ser mudo a ter que jogar conversa fora com você." Mas eu só faço cara de tímido e olho pros meus sapatos. [*repara que acabou de dar um fora no amigo*] Mas eu não pensei em dizer nada disso pra você, não me compreenda mal. Me desculpe. Eu acho você interessante: você é um cego diferente.

MARINA: Você quer me matar de vergonha? Vai dormir!

JOÃO: Mas eu acabei de tomar café.

MARINA: Vai pro seu quarto, sei lá!

Cai a luz. Breve silêncio pela surpresa.

ROBERT: Faltou energia?

JOÃO: Como você sabe? Você é cego! Não dá pra se comportar como um cego?

MARINA: Vai pro seu quarto agora!

JOÃO: Eu não vou pra lugar nenhum. Cadê você? Me dá a mão.

ROBERT: Você tá com medo, mesmo!

JOÃO: Como é que você sabe que faltou luz? Duvido que você seja cego! Não é possível: você não esbarra nas coisas, não tem bengala, não tem cachorro... E como é que você combina as cores da roupa? Como é que você pode ter reparado que faltou luz se você não enxerga? Você é um impostor!

MARINA: Chega! Eu vou até a cozinha pegar uma vela pra você ir dormir.

JOÃO: Não! Não me deixa aqui sozinho. E para de me tratar como se eu fosse criança.

ROBERT: Eu vou ficar aqui com você.

JOÃO: Não é a mesma coisa. Não tá faltando luz pra você. Quer dizer, não sei, né?!

MARINA: Eu já podia ter ido e voltado. Senta aí e fica quieto.

JOÃO: Não! Me leva com você, por favor.

MARINA: Eu já volto. Dá a mão pro Robert.

JOÃO: AAAH!!!

ROBERT: Calma, sou eu!

JOÃO: Eu não quero ficar de mão dada com você!

MARINA: Na verdade, eu tô achando legal ficar assim, no escuro.

JOÃO: Muito engraçado. Agora vai pegar logo as velas.

MARINA: Eu nem sei se a gente tem vela, na verdade.

JOÃO: Eu sei. Vem comigo e a gente pega. Eu não tô gostando.

MARINA: Você aguenta.

JOÃO: Então, tá. Eu só quero saber como é que esse cara sabe que faltou luz se a gente não disse nada!

ROBERT: A energia faz barulho, você nunca reparou nisso? As lâmpadas, a geladeira, o elevador... Você acha mesmo que eu sou um impostor?

JOÃO: Não, me desculpe, você é diferente, só isso.

MARINA: Chega! Eu vou pegar as velas.

JOÃO: Ótimo! Porque se você tá a fim de ficar no escuro é só fechar os olhos!

Marina sai. Breve silêncio.

JOÃO: Deve ser horrível.

ROBERT: O quê?

JOÃO: Ser assim.

ROBERT: Eu tava pensando a mesma coisa.

JOÃO: O quê?

ROBERT: Deve ser horrível ser assim.

JOÃO: Não entendi.

ROBERT: Não importa.

JOÃO: Mas a gente pode continuar conversando?

ROBERT: Claro. Aliás, eu esperava mesmo que a gente tivesse oportunidade de conversar. Eu sempre tive curiosidade de conhecer você.

JOÃO: Minha mulher fala muito de mim naquelas fitas?

ROBERT: Não, pelo contrário. Eu achava estranho que ela não falasse de você. Agora acho que eu tô começando a entender.

Ela volta, com duas velas acesas. Eles ainda estão de mãos dadas.

MARINA: Tá mais calmo?

JOÃO: Aliviado.

MARINA: Você tem que pedir desculpas.

ROBERT: Nós já nos resolvemos. Estamos conversando, não é?

MARINA: Então eu vou ficar só ouvindo. Vou ficar de olhos fechados.

JOÃO: Que ideia de jerico.

Ele solta a mão de Robert e vai se sentar, como se tivesse ficado muito cansado.

ROBERT: Me conta de você. Ela disse que você fez vários cursos.

JOÃO: Ela te disse isso? Estranho, porque eu não terminei nenhum.

ROBERT: É mesmo?

JOÃO: É.

Pausa breve.

JOÃO: Eu tenho esse negócio. Não sei o que é que me dá. Eu tenho que ir embora, sabe? Eu vou embora das coisas. Eu sou assim. Se pudesse, eu queria sair andando sem parar. Igual aquele cara do filme *Paris, Texas*. Ele sai andando e pronto. Mas pra ele é fácil, porque ele tá no deserto. Não vai ter que parar no sinal, não vai dar com a cara no muro de uma rua sem saída, não vai ter que voltar tudo porque foi parar num viaduto que não tem lugar pra pedestre. A cidade não tem esse romantismo: você não tem o direito de ser um andarilho. A não ser que você tope ficar andando em círculos nas pistas de *cooper* das pracinhas, mas que sentido teria isso? Se eu resolvesse sair andando por aí, no terceiro sinal de trânsito eu ia voltar pra casa me achando um idiota. No deserto, não, porque mesmo que eu tentasse voltar, eu provavelmente ia me perder, e ia acabar andando pra outro lado qualquer mesmo. Acho que eu queria morar no deserto só pra ter essa liberdade. A liberdade de ter um nada à minha disposição, um nada longo e sem fim. Um abismo horizontal, pra ir descendo com as minhas próprias pernas. Aqui não. Tem gente em todos os lugares. E todas essas pessoas te cobram alguma coisa. Você tem que prestar contas do seu papel no mundo. Ou tem que comprar alguma coisa. Se você não tem nenhuma ideia pra vender, nenhum sonho pra realizar, então você tem que estar muito interessado em pegar carona no sonho dos outros. E se eu não quiser nada disso? E se eu não me sentir contente e agradecido por poder, quem sabe, participar do sonho de outra pessoa? Se eu não quiser nada disso, eu não sou digno de estar no mundo, não tem lugar pra mim nas fitas que a minha mulher manda pra você. [*repara que ela está com os olhos fechados*] Ela dormiu. Que ideia, ficar de olho fechado.

ROBERT: Era mentira. É claro que ela fala de você.

JOÃO: Aliás, você quer ir dormir?

ROBERT: Ela disse que aprendeu muita coisa com você. Você pode me ensinar alguma coisa, desses cursos que você fez. Você pode me contar sobre esse filme que você viu. Uma esfinge, por exemplo, você já viu uma esfinge?

JOÃO: Uma esfinge? Você acha que a gente tem esfinges nas praças? Eu nunca vi uma esfinge.

ROBERT: Nem foto? Nem desenho? Nem uma miniatura?

JOÃO: Ah, isso sim, lógico que eu já vi.

ROBERT: Eu nunca vi. Você poderia me dizer como é.

JOÃO: De onde você tirou essa ideia? Que importância tem isso?

ROBERT: Toda a importância do mundo. Como assim que importância tem? Vocês são estranhos...

JOÃO: Como assim digo eu. O que tem de tão importante numa esfinge?

ROBERT: Você não conhece a história de Édipo?

JOÃO: Claro que conheço, era um maluco pervertido que matou o pai e transou com a mãe.

ROBERT: Você que quer sair andando por aí deveria conhecer melhor a história de Édipo, porque ele foi um andarilho de verdade. E duas vezes. Porque existem dois tipos de andarilho: aquele que quer fugir daquilo que é e aquele que está disposto a se tornar o que é. O curioso é que exatamente quando Édipo foge do que acha que é, ele se torna quem realmente é. Você tá me acompanhando? [*sem esperar resposta*] A Terra é redonda, não é? Se você pudesse andar sempre em linha reta, sem obstáculos, você acabaria voltando pro lugar de onde veio. Ou, se não pudesse andar sempre em linha reta, andaria, como dizem, em círculos. Nada muito diferente da pista de *cooper* da pracinha...

Mas qualquer um que queira sair andando por aí deve estar preparado pra encontrar a sua esfinge. Seja no deserto ou na pracinha, o homem sempre encontra a virgem misteriosa de garras curvas. Eu sempre me interessei mais pela esfinge. Ela é a grande mulher na vida de Édipo, e acho que ela não tem recebido a merecida atenção. Ela é um monstro? A cruel encantadora? Que monstro é esse? Ela assombra os homens com o seu canto, confunde sua mente com enigmas, esmaga e vampiriza sua energia. Como é esse monstro aterrador que conquista pelo encanto e pelo medo e mostra ao homem toda a sua fraqueza? A esfinge traz a confusão mental. E ao homem que vence a confusão mental, que enxerga com clareza a resposta do enigma, a este homem, a este Édipo, veja só o que lhe resta: o mais assombroso dos destinos, que é tornar-se quem ele realmente é. Você vai comprar essa briga? Vai sair andando por aí até encontrar a sua esfinge? Eu me pergunto quem vai devorar quem — por último. A gente pode fazer uma agora. O que você acha?

JOÃO: Acho que eu vou acordar a minha mulher.

ROBERT: Ainda não. Vamos fazer um desenho pra ela. Ou melhor: você pode fazer um desenho pra mim. Cadê aquele saco de pão?

JOÃO: Você é muito difícil. Como é que eu vou fazer um desenho pra você?

ROBERT: Pega aquele saco de pão e uma caneta, e a gente vai fazer esse desenho juntos.

João pega o saco de pão, uma caneta e se senta à mesa de frente para Robert.

ROBERT: Lembra que é uma criatura misteriosa, imponente, cruel.

JOÃO: Eu nunca vi uma esfinge assim.

ROBERT: Ela voa.

JOÃO: Na verdade, eu nunca vi uma esfinge. Ao vivo.

ROBERT: Sorte sua. Ela tem garras curvas.

JOÃO: Eu vi foto, mas não era nada disso.

ROBERT: Garras curvas e um canto sedutor. Ela tem o corpo de um leão, com rosto de mulher e seios de mulher.

JOÃO: O corpo de um leão não voa.

ROBERT: Você tem que colocar asas nesse leão.

João começa a desenhar a sua esfinge. De repente, parece uma criança que desenha esfinges como quem desenha uma casinha e uma árvore. Depois, Robert passa os dedos pelo desenho cravado no papel.

ROBERT: Linda. Linda, mesmo. Você deve estar orgulhoso da sua esfinge. Sua vez. Feche os olhos.

João fecha os olhos e passa os dedos pelo desenho. Fica um instante ainda com os olhos fechados.

ROBERT: Muito bem. Pode abrir os olhos. Viu?

JOÃO: [*sem abrir os olhos*] Tô vendo.

João estende a mão até o ombro de Robert. Depois, coloca as duas mãos em seu rosto, procurando percebê-lo melhor. Ele se detém um pouco sobre os olhos de Robert, que se surpreende e fica imóvel. Depois, se levanta, ainda com os olhos fechados, e dá alguns passos no escuro. Robert está surpreso. A luz volta, Marina acorda com um sobressalto e fica bastante confusa ao ver a cena: seu marido andando quase em câmera lenta de olhos fechados, tateando o ar, e seu amigo sentado à mesa, diante de um desenho de uma esfinge grega num saco de pão, com uma expressão diferente no rosto.

MARINA: O que tá acontecendo?

Nenhum dos dois parece ouvir.

MARINA: O que tá acontecendo?

ROBERT: Não sei.

MARINA: Não entendi.

ROBERT: Não sei.

Alguma coisa está acontecendo com João. De olhos fechados, ele sorri. Ouvimos, então, a música perfeita para o momento. Bem alto. João começa a sentir algo parecido com entusiasmo e, aos poucos, é simplesmente impossível não dançar. Vai dar o seu próprio show de horrores. Ele dança, lindamente.

FIM

O enigma do real[2]

por João Cícero Bezerra

O espetáculo *Garras curvas e um canto sedutor*, texto de Daniele Avila Small com direção de Felipe Vidal, que esteve em cartaz na Casa de Cultura Laura Alvim, trouxe ao tablado a construção de um espetáculo realista, em que o tratamento do real parte de uma compreensão filosófica diversa da comumente associada às obras que se emaranham na problemática do realismo.

Grandes trabalhos artísticos se construíram e se constroem em relação direta com o real, ainda que tenham a consciência de que este é sempre uma convenção de linguagem, isto é, um modo de operação da mímesis com os códigos ou com as leituras dos mesmos no mundo concreto.

O entendimento de que a realidade social se estrutura a partir de uma lógica de classes pode ser visto em muitas pe-

---

[2] Artigo publicado originalmente em *Questão de Crítica*, vol. VI, nº 58, agosto de 2013.

ças denominadas como pertencentes ao realismo social. E obras como *Eles não usam black-tie* e *Botequim*, de Gianfrancesco Guarnieri, se associam a essa vertente, visto que nelas se assiste à lógica social opressiva das classes dentro do cotidiano de personagens desprivilegiados social e politicamente. Logo, há uma matriz teórica de fundo marxista que edifica o modo de representação desses dramas, apresentando a leitura da realidade a partir desse prisma econômico-social e político específico.

Há outro caminho diante do real chamado de psicológico. Nele apreendemos que no mundo do sujeito há uma névoa oculta conhecida como inconsciente. Esse ocultamento vai explicar a repressão emocional das personagens. Em cada sujeito existe um enorme desconhecimento de si mesmo e do real. E nessa fenda habita o imaginário que anima a realidade por meio de fantasias, neuroses, psicoses etc. Deriva dessa compreensão freudiana a nomeação de Sábato Magaldi para *Vestido de noiva*, de Nelson Rodrigues, como uma peça psicológica, visto que o crítico observava nessa dramaturgia o esparramar subjetivo de Alaíde nos planos desenhados pelo palco.

Os nomes (realismo social, peça psicológica etc.) sempre são problemáticos. Eles trazem certa redução de sentido. De fato, essas categorias não dão conta das peças como um todo. Contudo, desprezá-las, sem notar o que elas iluminam as obras, é, ao contrário de uma redução de sentido, um equívoco. Há nas categorias o esforço crítico de configurar a realidade de obras artísticas do passado. E esse esforço sugere vias de entendimento pertinentes.

Nos dois caminhos sugeridos, as obras se inclinam para direções antagônicas diante do real. No primeiro exemplo, o real passa a ser visível através de uma objetiva percepção do mundo econômico das classes, enquanto no segundo ele passa a ser quase inviabilizado, uma vez que se tornou materialidade filtrada pelo sujeito. Os dois movimentos (o da afirmação de um mundo objetivo e o da desconfiança da realidade pelo sujeito) não impossibilitam a existência de um lirismo nos personagens de *Eles não usam black-tie*, e tampouco excluem a presença de um rastro factual sensível acerca da realidade social nas obras de Nelson Rodrigues. Mas cabe ressaltar que há, certamente, um modo de construção de sentido acerca do real que se distingue em cada uma das obras, e esses caminhos poéticos formulam uma lógica ou um olhar muito peculiar.

O espetáculo *Garras curvas e um canto sedutor* segue outro caminho diante dessa questão. O real não está sendo visto pela forte lógica marxista nem pela opção de um ocultamento dentro do sujeito. Ele é uma metáfora dobrada sobre si mesma acerca da opacidade da linguagem.

Baseado no conto "Catedral", de Raymond Carver, a ação da peça se desenrola a partir da chegada de um homem cego, Robert (Rafael Sieg), à casa de Marina (Ângela Câmara) e João (Leandro Daniel Colombo). Robert perdeu recentemente a esposa, e o casal aguarda a sua visita. Antes mesmo da chegada de Robert, João demonstra o seu descontentamento com a vinda do amigo da esposa. Robert e Marina trocavam correspondências por meio de fitas cassetes havia algum tempo, e o público não sabe precisar se o que incomoda João é a visita de um desconhecido ou a de um suposto amor antigo de sua mulher.

Ao chegar, Robert é recebido com gentileza pelo casal, mas a elegância no trato não encobre a desconfiança de João acerca da cegueira do desconhecido, que se mistura ao seu ciúme contido diante da mulher amada. Marina dança com o amigo e menciona, em tom de brincadeira, a possibilidade de eles fazerem *ménage à trois*. Contudo, no espetáculo, a triangulação amorosa é apenas sugerida. Há realmente uma relação íntima entre Marina e Robert? Ou a amizade dos dois ganhou uma tonalidade incomum? Marina escreve uma poesia para Robert, mas a rasga. E nem Robert nem o público tomam conhecimento do conteúdo do poema.

Em determinado momento, a luz do apartamento se apaga e, a partir dessa hora, João, amedrontado com a escuridão, busca apoio em Robert, acostumado a caminhar no breu. Nesse momento, João aprende a caminhar no escuro, no desconhecimento, e algo dentro de seu interior se transforma. Essa é a parábola singela de *Garras curvas e um canto sedutor*.

A transformação se dá no interior da personagem, que, de algum modo, abre mão de seu ceticismo para aceitar o ponto cego do afeto de um desconhecido. Desse modo, a peça se constrói no cruzamento entre o amor indecifrável de Marina e Robert e a transformação interna de João. Entretanto, a mutação do esposo se dá na dinâmica do afeto, visto que o mesmo se abre para a escuridão trazida pelo desconhecido, permitindo-se experimentar esse mistério.

Construída por diálogos, sem fazer uso da narração em primeira pessoa como no conto de Raymond Carver, ainda assim a estrutura da peça faz menção a atributos do conto, que é entendido como ficção curta. Em seu livro *Formas breves*, nas teses sobre o conto, Ricardo Piglia diz que um conto sempre narra duas histórias, e que uma delas traz um enigma.

Nesse sentido, *Garras curvas e um canto sedutor* se insere na proposta de se abrir nessa dinâmica de parábola, na qual se nota um plano simples dos acontecimentos, intermediado por outro, metafórico. Não se trata do modelo da peça barroca, em que duas ações se seguem por espelhamentos, e sim da apresentação de uma dualidade, na qual a realidade da ficção se vê espelhada como código, enigma e metáfora, instabilizando a visão geral dos acontecimentos.

No plano dos acontecimentos, assistimos a uma peça que se movimenta por meio de uma unidade de espaço, ação e tempo, pois o único fato que se dá é a visita de um amigo cego. No plano da metáfora, o simples acontecimento dramático confirma o aprendizado de João, trazido pela parábola. Assim sendo, o acontecimento é reflexivo; ele está preso à unidade de ação, pois é no reagir de João à visita de Robert que a metáfora se aciona.

A estruturação da peça é proposital. Ela cita a unidade de tempo, ação e espaço de *Édipo rei*, de Sófocles, e refaz (ao inverso) a ontologia do herói tirano, visto que esse descobre a si mesmo ao buscar o assassino do pai. Remetendo ao enigma do mito grego, *Garras curvas* alude diretamente à pretensão edipiana de desvendar o enigma esfíngico. Por isso, na peça, João resolve abrir mão de seu ceticismo e aceitar a opacidade do enigma. Trata-se, portanto, de uma ontologia invertida. Não se busca a iluminação sobre si mesmo e sobre o outro, mas se aceita a sombra dos acontecimentos. E essa aceitação produz em João uma enorme alegria.

Nota-se, em *Garras curvas e um canto sedutor*, uma crise interna das unidades (espaço, tempo, ação) na medida em que expõe, no final, quanto o realismo e a matriz dialógica da peça serviu de pré-texto discursivo para a metáfora. Logo, o realismo é como uma costura interna de uma roupa, que, ao ser virada do avesso, se apresenta como pacto simbólico. E a peça é um pouco isso: o jogo de mostrar um organismo coeso até o momento de sua costura metafórica, cabendo ao espectador operar a desconstrução.

A encenação de Felipe Vidal é discreta. E de certo modo a timidez assumida segue o *Leitmotiv* do conto: sua refinada e displicente aparência de narrativa menor. O diretor consegue um feito raro nos teatros de hoje: os três atores respiram o mesmo ar, isto é, constroem, na quarta parede do espetáculo, um jogo de contracenação instigante, seguindo um ritmo nada óbvio, em que alguns momentos se estendem (como a demorada leitura do conto de Edgar Allan Poe) e outros surgem no palco mais picotados, como a cena da dança de Robert e Marina e as idas e vindas do casal para o interior da casa.

A atuação e a trilha sonora apresentam esses blocos de tempo, que, por serem assimétricos, potencializam a pesquisa acerca do real como convenção. O mundo cotidiano está repleto de tempos e de variações sobre o mesmo. Nesse mundo histórico (e das histórias), surge outro sentido de tempo, diverso do da física, como nos mostra Paul Ricoeur. Há, infelizmente, no meio teatral, a crença de que o ritmo do espetáculo de teatro deve ser o mesmo do início ao fim, seguindo uma mesma batida. Ou seja, repete-se a estrutura de um ritmo fixo de estilos musicais pouco trabalhados. Parece que ainda não se pensou na variedade rítmica do samba e do jazz como exigência sensível ao teatro.

O ator Leandro Daniel Colombo (João) construiu seu personagem como um homem comum imerso no tédio do cotidiano e no medo de ser invadido em seu lar. Ângela Câmara (Marina) apresenta uma personagem de vida interior rica, mostrando como uma mulher pacata e comum pode guardar mistérios insondáveis, não sendo privilégio de tipos excêntricos. Por fim, Rafael Sieg (Robert) faz uma composição ambígua, pois seu personagem é, ao mesmo tempo, um cego sedutor, com bastante capacidade motora de deslocamento no espaço, e a projeção do medo de João.

Caso o termo "peça bem-feita" não fosse compreendido hoje como um chavão de espetáculos que, sem qualquer reflexão, pesquisa e trabalho no detalhamento da estrutura, reproduzem o ritmo das massas de modo acrítico, seria possível dizer que *Garras curvas e um canto sedutor* se trata de uma peça bem-feita. Isso porque todos os elementos estão, na medida do possível, conscientes de sua proposta de sentido. Eles foram estudados e trabalhados, sendo aprimorados constantemente. Apesar de ser um mecanismo orgânico e bem costurado, *Garras curvas e um canto sedutor* nos mostra a sua condição simbólica e discursiva. Há, infelizmente, outras obras em que a desculpa do malfeito e do inacabamento se tornou marketing inconsciente, em busca de valor crítico. Felizmente, esse não é o caminho de *Garras curvas e um canto sedutor*.

Uma peça nietzschiana

por José Karini

"*Garras curvas e um canto sedutor* é uma peça nietzschiana..." Saí do teatro com essa sensação e com uma frase do Robert na cabeça: "(...) porque existem dois tipos de andarilho: aquele que quer fugir daquilo que é e aquele que está disposto a se tornar o que é." E o "tornar-se quem se é" me parece ser exatamente o fio condutor da filosofia de Nietzsche em seu pensamento sobre a existência. A partir desse pressuposto e confiando apenas em minha intuição (quem mandou pensar nessa associação?) vou, então, consciente da dificuldade da tarefa que estou me propondo, tentar pensar o *Garras curvas* em uma possível articulação com a filosofia de Nietzsche. Para isso, acredito que dois conceitos criados por ele seriam fundamentais para essa articulação e podem servir como eixo em minha tentativa: *vontade de potência* e *super-homem* (ou *além-do-homem*, em uma tradução mais adequada, visto que, aqui, não se trata exatamente de força física, mas, antes, de um além do bem e do mal, de um além da moral criada pelo próprio homem).

Na criação do pensamento sobre a *vontade de potência*, Nietzsche desconstrói a ideia de causa e efeito, de dentro e fora. Não existiria, a partir do que propõe esse pensamento, um sujeito eterno e igual a si mesmo. As noções metafísicas de permanência e identidade são, aqui, completamente abolidas. Na *vontade de potência*, causa e efeito são simultâneos e o embate de forças é incessante. Tudo se dá na relação entre forças. Dentro dessa relação, teríamos, o tempo todo, a luta, a dominação, a obediência e a resistência. Nós mesmos seríamos, segundo esse pensamento, constituídos pelo atravessamento dessas forças, com as quais interagimos. A cada momento, seríamos o resultado da ação de determinada força e de nossa relação com ela, e essas chamadas forças seriam absolutamente concretas. No limite, tudo seriam forças. Força, aqui, está associada a existência. E o *homem forte/além-do-homem*, para Nietzsche, não se economiza na existência. É o possuidor da capacidade de superar obstáculos e está, o tempo todo, se reinventando. Expande sua capacidade de agir e pensar nos obstáculos que encontra, e, mais do que isso, procura, afirma a própria diferença. Assim, reinventa uma outra maneira de ser, sem nenhum tipo de propósito ou finalidade, já que, para Nietzsche, o mundo não possuiria nenhum propósito. O sujeito (ou não sujeito) nietzschiano, portanto, seria aquele que estaria o tempo todo em trânsito, querendo essa espécie de instabilidade; seria exatamente esse "dizer-sim" incondicional à própria instabilidade que o colocaria no lugar que Nietzsche denominou como o *além-do-homem*. Sendo que, nesse lugar, ele teria uma existência trágica ao assumir que o sentido da vida é dado por ela mesma. Ou seja, o único sentido seria aquele que cada um for capaz de criar e o *além-do-homem* seria exatamente essa espécie de criador de sentido para a própria existência, ou, de outra forma, "aquele que está disposto a se tornar o que é".

Na peça, Robert ainda pergunta: "(...) você vai comprar esta briga? (...)" Essa me parece ser a questão-chave que resulta do jogo que vai se estabelecendo entre os personagens ao longo da peça. E, aqui, acredito que a própria noção de personagem (no sentido de construção de uma subjetividade psicologicamente coerente) tenha que ser colocada em questão. Mesmo que, a princípio, tenha-se a impressão de que esses personagens estão presentes. Mas o jogo que o texto propõe desconstrói sutilmente essa primeira camada da peça (e a entrada de Robert em cena, sem bengala e sem o óbvio comportamento de um cego, é um exemplo desse procedimento) até a virada completa, com a leitura que Marina faz do poema de Poe. A partir desse momento, o que parece se estabelecer é exatamente o atravessamento de forças que, segundo Nietzsche, constitui a nossa existência. A lógica representacional é definitivamente rompida e as figuras que, a princípio, seriam personagens, parecem assumir o lugar dessas forças ou, de outra forma, se revelam como forças. E passam, então, a se constituir com elas, no sentido de que atravessam e são atravessados simultaneamente pelas potências que entram em jogo. Os quereres deixam de ser individuais e ganham um outro estatuto, no qual o acontecimento passa a ser o jogo de afetos e não mais o de sentimentos ligados ao psicológico (no sentido da diferença que

Deleuze propõe entre afeto e sentimento). A leitura do poema por Marina, a fala de João em busca de um sentido para a existência e a fala de Robert em torno da esfinge de cada um, por exemplo, podem ser lidas como potências que se atravessam e se contaminam, sem que, com isso, tenhamos qualquer resposta definitiva sobre as questões levantadas. E não seria justamente esse o jogo da *vontade de potência* nietzschiana?

A cena final é exemplar. Robert e João, já quase indiscerníveis, entram em um lugar onde os afetos já estão quase em estado puro. Ambos são atravessados pelas forças que estão em jogo, e o dançar (lindo) de João, no final, parece afirmar o próprio jogo, que não irá oferecer respostas, mas que, antes, nos recolocará com nossa própria esfinge e o desafio de encará-la. Ou seja, a coisa se voltará sempre para nós mesmos e a resposta será aquela que cada um for capaz de construir ou, para falar como Nietzsche, inventar. Aqui não há saída. E o sem saída aqui — diferente do sem saída em Beckett, por exemplo, onde os personagens também não são psicologicamente constituídos — é um sem saída que afirma e recoloca a questão do sentido (em Beckett, nada é afirmado e o sentido só se daria, talvez, na própria morte, no aniquilamento). O sem saída, aqui, seria muito mais no sentido de que ninguém pode fazer o trabalho por nós. O tornar-se quem se é pertence, fatal e tragicamente, a cada um. Seremos capazes, então, de criar um sentido para a própria existência? Para Nietzsche, o único deus possível seria um deus-dançarino e a única tarefa digna, para cada um de nós, seria a transmutação da própria vida em obra de arte.

Acredito (ou intuo) que *Garras curvas* esteja falando, entre outras coisas, dessa questão, e, ao mesmo tempo, tenho consciência de que essa pode ser apenas uma leitura (a minha) entre as várias possíveis da peça. É assim com todo texto que possui potência, e por isso mesmo continuo com a sensação de que "*Garras curvas e um canto sedutor* é uma peça nietzschiana..."

Investigando o gesto da peça
Garras curvas e um canto sedutor

por Dinah Cesare

Meu primeiro contato com *Garras curvas e um canto sedutor* foi por meio da leitura. Ainda no curso de Teoria do Teatro na Unirio, a amiga e parceira Daniele Avila Small me entregou seu texto digitalizado. Então, de certo modo, minhas primeiras impressões se deram na semelhança daquele que diante da leitura de um romance formula imagens solitárias. A memória dessa época é a de que fiquei fixada no enigma, assim como um detetive que precisa recolher as provas de um crime. Talvez as primeiras impressões sirvam muito pouco para o pensamento teórico sobre uma obra, mas quase tenho a convicção de que se não fossem por elas o pensamento seria ainda mais precário. Insistindo no momento originário, em sua rememoração que é sempre uma atualização, me deterei neste texto a expor as provas que pude recolher de lá até aqui e mostrar que um dos elementos importantes da escrita de *Garras curvas*, que a fundamenta como dramaturgia na atualidade, é o lugar do gesto de interrupção no teatro.

O percurso da investigação começou por tentar compreender qual seria o motivo de uma jovem autora em investir na transposição de um conto para a cena. Não considerei legítimo partir de nenhuma ideia de pós-produção, ou de *readymade* modificado, coisas caras ao meu pensamento teórico. Decidi dar crédito à vitalidade que havia na minha porção leitora. O conto em questão chama-se "Catedral", do escritor norte-americano Raymond Carver, falecido em 1988. Se a peça era um diálogo com um fantasma (tomei isso como um norteador teórico-afetivo), a primeira pista foi ir ao encontro do texto original.

Minha apreensão foi a seguinte: o que no conto de Carver aparece como ação transformadora no personagem do marido, aparece pela concretude de um gesto fluido que é o de desenhar de olhos fechados uma catedral para o amigo cego de sua esposa. Ora, podemos dizer que estamos diante de um elemento possível do drama que se caracteriza por um conjunto de ações sucessivas que se dirigem para um fim, ou, por outra, se dirigem para um acontecimento ao final que, no caso, é um momento de autoconhecimento do Homem (modo como estava nomeado na peça, num primeiro momento, o marido) que se deixa levar pela intuição, abandonando por alguns momentos sua racionalidade objetiva e restritiva. É possível que esse lugar final do conto possa ser tomado por nós como um apontamento para a experiência dramática que a literatura divide com o teatro. Um lugar de solidariedade.

Esse momento fugaz de aproximação da literatura com o drama tornou-se base para minha hipótese futura. E aqui recorri a uma pista fornecida pela própria autora de *Garras curvas*. Em sua "Carta para Raymond Carver" (pequeno texto que recebemos no teatro por ocasião de sua encenação), Daniele Avila Small se refere à operação dramatúrgica que realizou como uma tradução do original em detrimento da ideia de adaptação. A tradução é algo que tem a ver com colocar em movimento formas que não estão completas, formas que contêm espaços que nos convidam a reinventá-los, a dizê-los novamente de maneira que o que está em potência possa ser revelado numa outra língua. O esforço de um pensamento que se deixa derivar pela concretude do material recebe recompensas: fui remetida para a noção de tradução do filósofo Walter Benjamin no ensaio "A tarefa do tradutor", publicado como prefácio de sua tradução de *Tableaux parisiens*, de Baudelaire, publicado em 1923.

Uma das importantes noções presentes no ensaio de Benjamin é a de que a tradução é uma forma e que tal aspecto a coloca numa relação direta com o original. Este, por sua vez, se caracteriza por uma indelével incompletude que sinaliza seu teor de traduzibilidade, mesmo que a tarefa que advém desse teor esteja parcialmente fadada ao fracasso, já que a tradução se mostrará incompleta em sua possível intenção de comunicar um sentido totalizante do original. A não completude do original atesta o que nas obras é intraduzível, só encontrando modos de dizer de si por meio das diferenças entre as línguas, o que ficaria acentuado na tradução. O movimento de tradução é o que pode conferir uma continuidade à vida das obras (agente temporal) e delineia-se como espaço de trocas entre as línguas.

Notando que a tradução (chamemos assim, como a autora) que se faz da catedral desenhada no original de Carver é realizada pelo traçado no papel de uma esfinge em *Garras curvas*, abre-se um campo ainda mais derivante de sentidos — a esfinge é a interrogante de Édipo e a detentora do enigma. Em "Catedral", o rapaz cego pede ao Homem que desenhe a construção gótica que aparece em um programa na televisão, programa esse que o Homem havia começado a descrever para o cego, até que em um dado momento aparece no *écran* a imagem de uma catedral. Ambos se fixam no desconhecido. Para o Homem, a dificuldade de descrevê-la; para o cego, a de imaginá-la. O desenho da esfinge em *Garras curvas* surge de uma situação que dá a ver a complexidade do gesto original: o Homem se vê diante de sua fragilidade quando de repente falta luz e tudo fica numa escuridão profunda. Ele é tomado pelo movimento derivante de si mesmo, confessando desejos e medos subjetivos. A esfinge se justifica como o simbólico do conhecimento de si.

Se foi possível acompanhar o desenvolvimento do pensamento de meu texto, poderemos perceber que algo se estanca. Ainda não está claro qual seria o gesto teatral de *Garras curvas* que o transforma em um acontecimento cênico. Isso só pude perceber com a encenação de Felipe Vidal, diretor do espetáculo. Existe um momento que antecede toda a coisa do desenho, em que a esposa lê em voz alta para o rapaz cego o poema "O corvo", de Edgar Allan Poe. Algo como uma espécie de divisor de águas se instaura. Durante a leitura, os espectadores são tomados pela suspensão deliberada do curso dos acontecimentos e ficam ali, como o personagem, ouvindo a leitura do poema. É preciso dizer que se trata de um poema longo, e o que eu gostaria de salientar é que sua leitura em cena funciona como uma interrupção da causalidade. Ainda temos outro elemento que é seu conteúdo, que traz uma forma de metáfora para o rapaz cego que acaba de perder a esposa.

Esses aspectos — a interrupção e a metáfora — me levaram a pensar em alguns elementos do teatro épico, tal como os formula Walter Benjamin. É claro que estamos nos referindo a contextos históricos diferentes, em que essas características são construídas de modos singulares e em relações sociais distintas. Mas é possível tomarmos a leitura do poema longo em cena como uma interrupção e como um movimento quase que selvagem em direção aos sentidos da literatura.

Prestando atenção ao sentido do termo épico para Benjamin em relação ao aproveitamento da interrupção da ação, entendemos que ela tem a função crítica de tornar estranha uma situação habitual, justamente por proporcionar o desmonte de seus componentes, montando-os a partir de outras ou de novas possibilidades. O teatro épico tinha a intenção, com essa operação, de dar a ver quanto o homem é um ser histórico, e que por isso mesmo se transforma e é capaz de modificar sua realidade. Então o que está em jogo não é a ação como impulsão para a resolução de um conflito dramático, mas um processo intermitente de montagem e desmontagem que abre capacidades de historicização, de recriação do próprio homem.

Seguindo a análise de Benjamin, o que se mostra para o público com a interrupção não é mais a realidade, por assim dizer, mas um arranjo experimental da realidade, cuja importância é a de revelar como o real é organizado pelo pensamento, e por isso mesmo é algo maleável, mutável e passível de ser construído historicamente. E não seria exatamente isso que o personagem do Homem faz — reconstruir-se em outro arranjo antes impensado? E ele o faz inesperadamente. A peça nos deixou ainda suspensos pela interrupção causada pela leitura do poema no momento de sua revelação. Que seja bem-vindo o inopinado! Então é possível dizer que essa interrupção abre um campo de percepção menos discursivo e mais nitidamente sensorial para a peça. E não seria mesmo esse o caminho, com o declínio da experiência narrada segundo o filósofo? Não estaríamos mais suscetíveis de construir conhecimentos pela experiência vivida?

Sobre o Complexo Duplo

O Complexo Duplo, agrupamento poroso de artistas e pesquisadores de teatro, é um núcleo de trabalho continuado que atua no Rio de Janeiro desde 2010. Capitaneado por Felipe Vidal, ator e diretor de teatro, e por Daniele Avila Small, tradutora, pesquisadora e crítica de teatro, o grupo conjuga atividades práticas e teóricas. Em 2011 e 2012, o Complexo Duplo foi indicado ao Prêmio Shell e ao Prêmio APTR pela sua ocupação do Teatro Gláucio Gill. Além disso, o grupo tem oito peças encenadas nos últimos cinco anos e já se apresentou em diversas cidades de diferentes regiões do Brasil.

Sobre o diretor

Felipe Vidal é ator e diretor de teatro. Entre os seus trabalhos mais recentes, estão peças de grande relevância na cena contemporânea, como *Rock'n'Roll*, de Tom Stoppard, o espetáculo *Louise Valentina*, de sua autoria em parceria com Simone Spoladore, e *Tentativas contra a vida dela*, de Martin Crimp, trabalho que marca o início das atividades do Complexo Duplo. Em 2013, dirigiu *Garras curvas e um canto sedutor*, de Daniele Avila Small. Em 2015, dirige *Contra o vento — um musicaos*, projeto idealizado por ele com texto de Daniela Pereira de Carvalho.

© Editora de Livros Cobogó
© Daniele Avila Small

Editores
Isabel Diegues
Julia Martins Barbosa

Assistente editorial
Mariah Schwartz

Coordenação de produção
Melina Bial

Revisão
Eduardo Carneiro

Capa
Pavê e Paulo Caetano

Projeto gráfico e diagramação
Mari Taboada

CIP-BRASIL. CATALOGAÇÃO-NA-FONTE
SINDICATO NACIONAL DOS EDITORES DE LIVROS, RJ

Small, Daniele Avila
S644g   Garras curvas e um canto sedutor : peça para Raymond Carver /
Daniele Avila Small.- 1. ed.- Rio de Janeiro : Cobogó, 2015.
84 p. : il. ; 19 cm.

ISBN 978-85-60965-77-9

1. Carver Jr., Raymond Clevie, 1938-1988. 2. Teatro - História. 3. Teatro - História e crítica. I. Título.

15-23831   CDD: 792
                                                                                                                CDU: 792

Nesta edição, foi respeitado o Acordo Ortográfico da Língua Portuguesa de 1990, que entrou em vigor no Brasil em 2009.

Todos os direitos em língua portuguesa reservados à
Editora de Livros Cobogó Ltda.
Rua Jardim Botânico, 635/406
Rio de Janeiro–RJ–22470-050
www.cobogo.com.br

Outros títulos desta coleção:

ALGUÉM ACABA DE MORRER LÁ FORA, de Jô Bilac

NINGUÉM FALOU QUE SERIA FÁCIL, de Felipe Rocha

TRABALHOS DE AMORES QUASE PERDIDOS, de Pedro Brício

NEM UM DIA SE PASSA SEM NOTÍCIAS SUAS, de Daniela Pereira de Carvalho

OS ESTONIANOS, de Julia Spadaccini

PONTO DE FUGA, de Rodrigo Nogueira

POR ELISE, de Grace Passô

MARCHA PARA ZENTURO, de Grace Passô

AMORES SURDOS, de Grace Passô

CONGRESSO INTERNACIONAL DO MEDO, de Grace Passô

IN ON IT | A PRIMEIRA VISTA, de Daniel MacIvor

INCÊNDIOS, de Wajdi Mouawad

CINE MONSTRO, de Daniel MacIvor

CONSELHO DE CLASSE, de Jô Bilac

CARA DE CAVALO, de Pedro Kosovski

2015
———————————

1ª impressão

Este livro foi composto em Univers.
Impresso pela gráfica Stamppa
sobre papel Pólen Bold 70g/m².